T0398165

Animales de los estuarios
Fauna del bioma
De Lisa Colozza Cocca
y Santiago Ochoa
Rourke

CONEXIONES

de la ESCUELA a la CASA

DE ROURKE

ANTES Y DURANTE LAS ACTIVIDADES DE LECTURA

Antes de la lectura: *Desarrollo del conocimiento del contexto y el vocabulario*

Construir el conocimiento del contexto puede ayudar a los niños a procesar la información nueva y a usar la que ya conocen. Antes de leer un libro, es importante utilizar lo que ya saben los niños acerca del tema. Esto los ayudará a desarrollar su vocabulario e incrementar su comprensión de la lectura.

Preguntas y actividades para desarrollar el conocimiento del contexto:

1. Ve la portada del libro y lee el título. ¿De qué crees que trata este libro?
2. ¿Qué sabes de este tema?
3. Hojea el libro y echa un vistazo a las páginas. Ve el índice, las fotografías, los pies de foto y las palabras en negritas. ¿Estas características del texto te dan información o ayudan a hacer predicciones acerca de lo que leerás en este libro?

Vocabulario: *El vocabulario es la clave para la comprensión de la lectura*

Use las siguientes instrucciones para iniciar una conversación acerca de cada palabra.

- Lee las palabras del vocabulario.
- ¿Qué te viene a la mente cuando ves cada palabra?
- ¿Qué crees que significa cada palabra?

Palabras del vocabulario:

- *adaptaciones*
- *bacterias*
- *hidrodinámica*
- *marismas*
- *migran*
- *presa*
- *repletos*
- *retrocede*
- *salobre*
- *verticalmente*

Durante la lectura: *Leer para entender y conocer los significados*

Para lograr una comprensión profunda de un libro, se anima a los niños a que usen estrategias de lectura detallada. Durante la lectura, es importante hacer que los niños se detengan y establezcan conexiones. Esas conexiones darán como resultado un análisis y entendimiento más profundos de un libro.

Lectura detallada de un texto

Durante la lectura, pida a los niños que se detengan y hablen acerca de lo siguiente:

- Partes que sean confusas.
- Palabras que no conozcan.
- Conexiones texto a texto, texto a ti mismo, texto al mundo.
- La idea principal de cada capítulo o encabezado.

Anime a los niños a usar las pistas del contexto para determinar el significado de las palabras que no conozcan. Estas estrategias los ayudarán a aprender a analizar el texto más minuciosamente mientras leen.

Cuando termine de leer este libro, vaya a la penúltima página para ver las **Preguntas relacionadas con el contenido** y una **Actividad de extensión**.

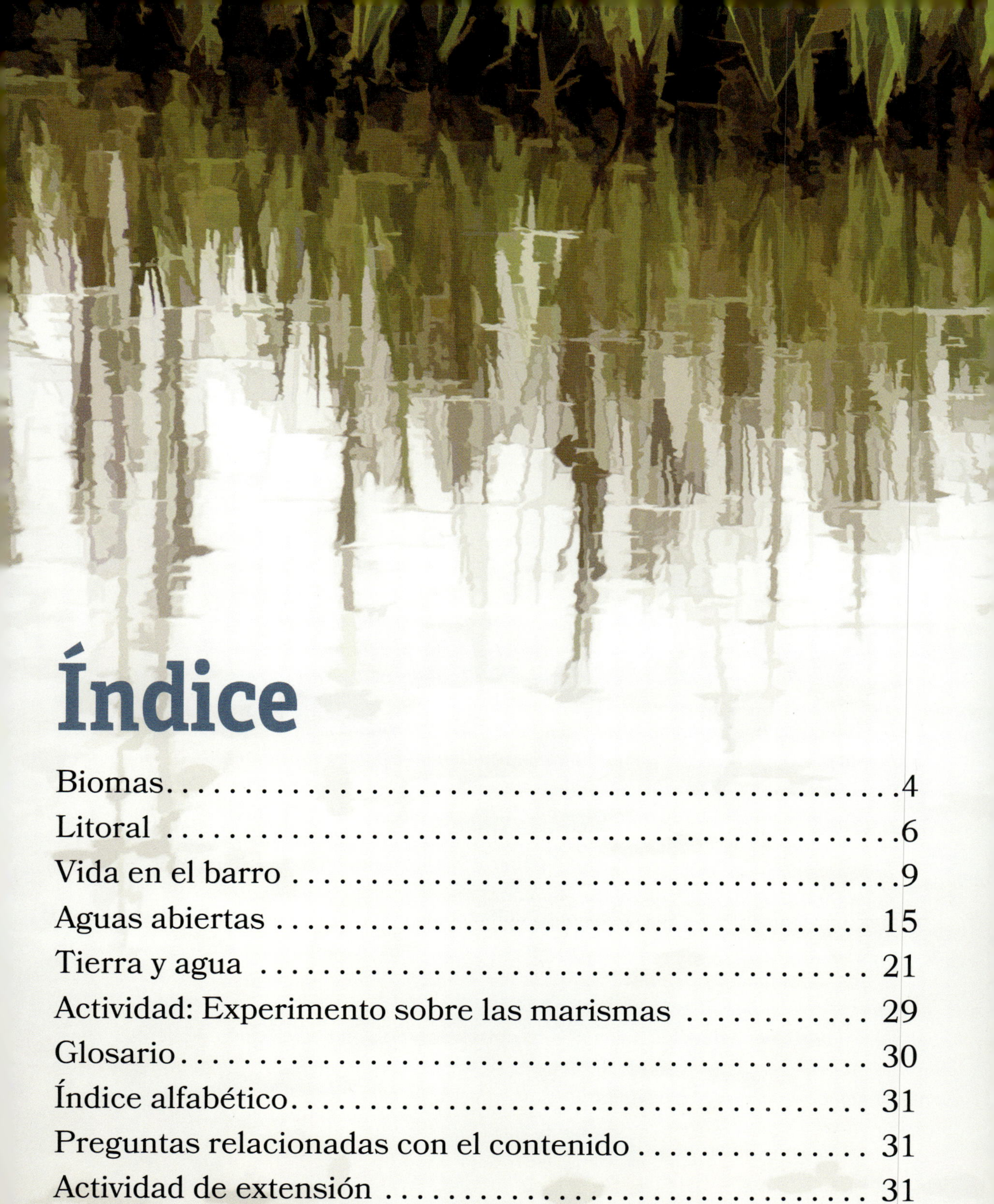

Índice

Biomas

Un bioma de estuario se forma donde los ríos o arroyos se encuentran con un océano. Es una mezcla de agua dulce y salada con agua que entra y sale constantemente. Incluye las **marismas**, que se forman cuando el agua **retrocede**.

Las plantas deben tolerar el agua **salobre**. La saladilla, la hierba salada, la hierba de mar y el chamizo se adaptan bien a estas zonas.

¿Sabías que?

Hay estuarios de todas las formas y tamaños. Algunas bahías, puertos, ensenadas, lagunas y sonidos son estuarios.

Litoral

Muchas aves viven aquí. La garceta grande, un ave zancuda, tolera el agua dulce y el agua salada. La garceta se alimenta al atardecer. Se adentra en las aguas poco profundas y se queda quieta. Cuando la **presa** se acerca, introduce rápidamente su fuerte pico en el agua y se come la presa entera. La garceta grande come peces, ranas, serpientes, salamandras y crustáceos.

La gaviota occidental vive en los estuarios de la costa del Pacífico de Norteamérica. Estas grandes aves grises y blancas tienen las patas rosadas. Se alimentan principalmente en la superficie del agua, pero hacen algunas inmersiones poco profundas.

Las gaviotas occidentales no son muy exigentes. Estas aves comen peces, almejas, cangrejos y polluelos. Incluso roban comida a las focas y a otras aves.

¿Sabías que?

El ganso de Canadá vive en el estuario a tiempo parcial. A mediados del verano pierde todas sus plumas de vuelo. El estuario les proporciona un lugar seguro para permanecer allí hasta que les vuelvan a crecer las plumas.

Vida en el barro

El fondo fangoso del estuario y las marismas están **repletos** de vida. La estrella del girasol, una de las mayores estrellas de mar, vive aquí. Crece hasta 39 pulgadas (un metro) de una punta del brazo a la otra.

La estrella del girasol nace con cinco brazos, pero puede llegar a tener 24 en la edad adulta. Su piel suave y esponjosa está disponible en muchos colores. Si agarras una, se doblará. Depende de la presión del agua para mantener su forma.

La mayoría de las estrellas de mar tienen un esqueleto de una sola pieza, pero el de la estrella del girasol tiene varias partes. Esto permite a la estrella de mar abrir la boca y expandir el cuerpo para atrapar presas grandes. ¡La estrella puede tragarse un erizo de mar entero y luego escupir su caparazón!

¿Sabías que?

Los caballitos de mar de los estuarios no nadan. Se dejan llevar por la corriente de agua. Cuando está en peligro, el caballito de mar ancla su cola en el barro y se esconde entre las plantas que crecen allí.

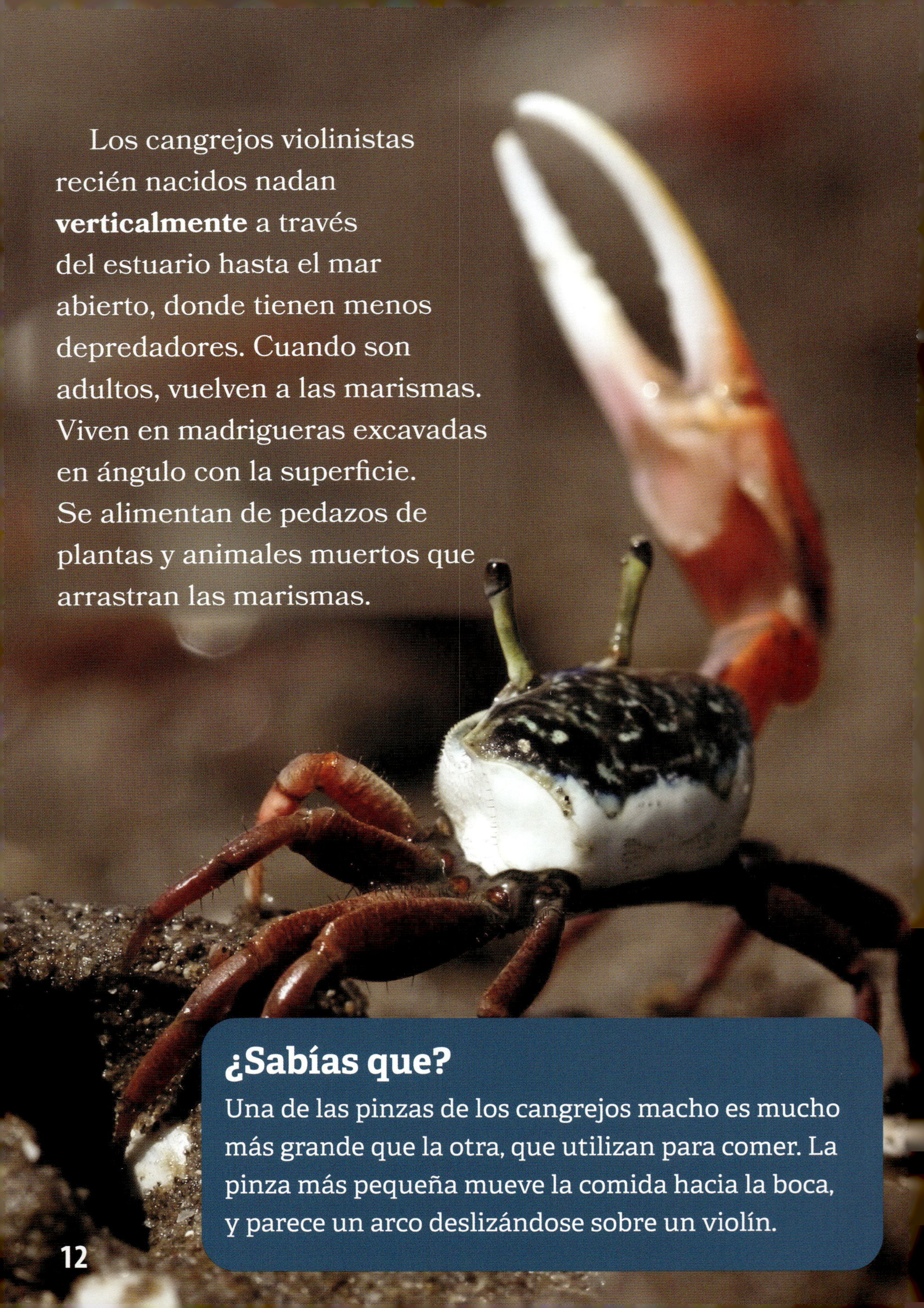

Los cangrejos violinistas recién nacidos nadan **verticalmente** a través del estuario hasta el mar abierto, donde tienen menos depredadores. Cuando son adultos, vuelven a las marismas. Viven en madrigueras excavadas en ángulo con la superficie. Se alimentan de pedazos de plantas y animales muertos que arrastran las marismas.

¿Sabías que?

Una de las pinzas de los cangrejos macho es mucho más grande que la otra, que utilizan para comer. La pinza más pequeña mueve la comida hacia la boca, y parece un arco deslizándose sobre un violín.

Las almejas recién nacidas flotan en el agua, pero se trasladan a las marismas cuando son jóvenes. Cavan madrigueras en el barro, que se convierten en sus hogares de por vida.

El ostrero americano busca moluscos para comer, incluyendo almejas y ostras.

Las almejas se alimentan cuando el agua baña el fango. Sus conchas de dos piezas con bisagras se abren, y sus cuellos con forma de pie sobresalen. El agua llena las conchas. Las almejas eliminan las **bacterias** y otros alimentos, y expulsan el agua sobrante.

¿Sabías que?

El camarón de fango se adentra en las profundidades del fango para mantenerse a salvo durante las mareas bajas. Uno de sus dos pares de antenas es muy largo y a veces se puede ver que sobresale de la madriguera.

Aguas abiertas

Muchos peces y mamíferos viven en las aguas de los estuarios. El manatí es uno de esos mamíferos. A menudo se le llama vaca marina, pero en realidad está emparentado con los elefantes. Utiliza sus aletas delanteras para dirigirse mientras su cola plana lo empuja hacia adelante a través del agua. Puede permanecer bajo el agua unos 15 minutos descansando o unos cuatro minutos nadando, pero debe salir a la superficie para respirar.

El manatí tiene ojos pequeños y no tiene oídos externos, pero tiene una vista y un oído excelentes. Sus enormes labios recogen y trasladan hierbas a su boca. Sus dientes solo se utilizan para masticar y son sustituidos cuando se desgastan. El manatí come diariamente una décima parte de su peso en hierbas marinas.

La raya de estuario vive en Australia. Su buena visión en lugares con poca luz es una de las muchas **adaptaciones** que la convierten en una excelente cazadora. Sus ojos están en la parte superior de la cabeza, por lo que la raya puede ver a su presa nadar por encima. Los sentidos del tacto y el olfato están en su parte inferior. Perciben las presas en el fondo del estuario. Esta raya incluso siente el agua que sale de las almejas y las ostras.

Las rayas de estuario no pueden flotar. Si no nadan o se deslizan, se hunden en el fondo. Esto es una ventaja para evitar a los depredadores. Les permite esconderse en el fondo fangoso durante largos periodos de tiempo. Unas aberturas especiales detrás de sus ojos y branquias les permiten respirar mientras se esconden.

El salmón real vive a tiempo parcial en el estuario. Los adultos pasan la mayor parte de su vida en mar abierto. Cuando llega el momento de desovar, o de depositar los huevos, **migran** a través del estuario hasta un arroyo de agua dulce. Pasan un tiempo en el estuario para adaptarse del agua salada al agua dulce.

¿Sabías que?

Los estuarios son lugares peligrosos para los salmones. Grandes aves, focas u osos se reúnen allí para atraparlos. La mejor defensa del salmón es su cola de gran tamaño, que le permite nadar en ráfagas rápidas.

Unos meses después de la eclosión, los salmones jóvenes emigran al estuario. Allí permanecen varias semanas o meses hasta que están preparados para salir al mar.

Tierra y agua

Algunos animales de los estuarios viven tanto en el agua como en la tierra. Las nutrias de río corren por tierra y nadan en el agua. Tienen un pelaje impermeable, patas palmeadas para remar y fosas nasales y orejas que se cierran en el agua.

Las nutrias de río cavan a las orillas de los ríos madrigueras con muchos túneles. Un túnel se abre bajo el agua. Esto les ayuda a escapar de los depredadores terrestres.

Las nutrias de río cazan de noche. Sus largos bigotes detectan la presa en la oscuridad. Sus patas con garras se aferran a peces resbaladizos, ranas o tortugas.

Las focas de puerto también dividen su tiempo entre la tierra y el agua. Las pequeñas aletas de una foca de puerto son excelentes para nadar, pero no para caminar. En la tierra, dan vueltas sobre su vientre. En el agua, utilizan sus aletas delanteras para dirigirse mientras sus aletas traseras la hacen avanzar.

Las focas de puerto nadan sobre su vientre y su lomo. Pueden sumergirse 1500 pies (457 metros) bajo el agua para encontrar comida. Comen muchos tipos de peces y criaturas marinas. La foca de puerto encuentra sus presas moviendo los bigotes de un lado a otro. Puede permanecer bajo el agua durante 40 minutos.

Los peces del fango son peces que caminan. Respiran por sus branquias cuando están en el agua. Antes de salir a tierra, el pez del fango llena de burbujas de agua las bolsas que rodean sus branquias. Esto les llena la boca de agua.

En tierra, respira a través de la piel y el revestimiento de la boca. Las burbujas de los sacos le proporcionan aire adicional cuando lo necesita. El pez del fango puede permanecer en tierra hasta tres días seguidos.

¿Sabías que?

El pez del fango caza en las marismas con su lengua **hidrodinámica**. Localizan un gusano o un cangrejo y escupen agua sobre él. A continuación, el pez del fango aspira rápidamente el agua y a la sorprendida presa.

Los biomas de los estuarios están llenos de seres vivos que se han adaptado al agua salobre en constante movimiento. Proporcionan alimento y refugio a una gran variedad de animales.

ACTIVIDAD: Experimento sobre las marismas

El movimiento constante del agua en el estuario hace que las marismas sufran muchos cambios. Completa este experimento para aprender más sobre cómo esos cambios pueden afectar a las criaturas que viven en las marismas.

Qué necesitas

- molde hondo y alargado para hornear
- arena
- jarra de agua
- seis piedras
- palillo de dientes
- popote o pajilla

Instrucciones

1. Añade un poco de arena en un extremo del molde. No superes la mitad de la altura del molde.
2. Vierte lentamente agua sobre la arena hasta que no pueda absorber más agua.
3. Utiliza el palillo para introducir tres de los guijarros en la arena a diferentes profundidades.
4. Utiliza el popote o pajilla para hacer tres agujeros o túneles en la arena. Deja caer una piedrecita en cada agujero.
5. Vierte agua en la mitad vacía del molde, manteniéndola ligeramente por debajo de la altura de la arena.
6. Inclina el molde para que el agua fluya sobre la arena y sostenlo durante un minuto.
7. Coloca el molde en posición horizontal para que el agua vuelva al lado vacío, inclinándolo ligeramente si es necesario.
8. Repite tres veces los pasos 5 al 7.

¿Qué ocurre con las piedras ocultas? ¿Quedan algunas al descubierto? ¿Cómo afectó los resultados la anchura del túnel? ¿Cómo afecta los resultados la profundidad del túnel?

Glosario

adaptaciones: Cambios que experimenta un ser vivo y que le permiten adaptarse mejor a su entorno.

bacterias: Seres vivos unicelulares que pueden causar bien o mal.

hidrodinámica: Que es impulsada por las fuerzas en o el movimiento del líquido.

marismas: Terrenos planos cubiertos por las mareas oceánicas y que luego quedan al descubierto.

migran: Que se desplazan de una zona a otra.

presa: Animal que es cazado por otro para alimentarse.

repletos: Con muchísimos animales o personas.

retrocede: Que va hacia atrás.

salobre: Un poco salado, como la mezcla de agua dulce y agua de mar que se encuentra en los estuarios.

verticalmente: En línea recta hacia arriba y hacia abajo.

Índice alfabético

Preguntas relacionadas con el contenido

1. ¿Por qué se dice que las gaviotas occidentales no son «comedoras exigentes»?
2. ¿En qué se diferencia una estrella de mar del girasol de la mayoría de las estrellas de mar?
3. Describe el movimiento del manatí cuando nada hacia adelante en el mar.
4. ¿Por qué no poder flotar es una ventaja para las rayas de estuario?
5. ¿Por qué los estuarios son lugares peligrosos para el salmón?

Actividad de extensión

Visita un estuario cercano. ¿Qué animales viven allí? Haz un dibujo del estuario. Añade etiquetas para mostrar qué vive en cada lugar. Añade un dato interesante sobre cada animal.

Acerca de la autora

Desde que tiene uso de razón, a Lisa Colozza Cocca le gusta leer y aprender cosas nuevas. Vive en Nueva Jersey, en la costa. Todavía se emociona cada vez que ve a un cangrejo violinista dirigirse a su casa. Puedes aprender más sobre Lisa y su trabajo en www.lisacolozzacocca.com (página en inglés).

www.rourkebooks.com

PHOTO CREDITS: Cover, page 1: ©33Karen33, ©Kevin Dyer, ©Gomez David; Graphics: ©KenSchulze; page 4-5: ©JavierGillooo; page 5: ©PhilAugustavo; page 6: ©tahir abbas; page 7: ©schmez; page 8: ©Pascale Gueret; page 8b: ©Spondylolithesis; page 9: ©NOAA; page 10: ©Fiona Ayerst; pages 10-11: ©Derek Holzapfel2012; page 13: ©BrianLasenby; page 14: ©onepony; page 14 (b): ©Wiki; page 15: ©Amanda Cotton; page 16: ©tobiasfrei; page 17: ©Jude Black; page 18: ©Wiki; page 19: ©mlharing; page 20: ©Supercaliphotolistic; page 21: ©milehightraveler; page 22: ©Brent Paull; page 23: ©Alec Taylor; page 24-25: ©RelaxFoto.de; page 26-27: ©PatrickGijsbers; page 27: ©j_pich; page 28: ©FlorinEne; page 28-32: ©HTakemoto

Editado por: Laura Malay
Diseño de la tapa: Kathy Walsh
Diseño interior: Rhea Magaro-Wallace
Traducción: Santiago Ochoa

Library of Congress PCN Data

Animales de los estuarios / Lisa Colozza Cocca
(Fauna del bioma)
ISBN 978-1-73165-463-2 (hard cover)
ISBN 978-1-73165-514-1 (soft cover)
ISBN 978-1-73165-547-9 (e-book)
ISBN 978-1-73165-580-6 (e-pub)
Library of Congress Control Number: 2022940976

Rourke Educational Media
Printed in the United States of America
01-0372311937